LE
PARTI-PRÊTRE,

CONSIDÉRÉ

COMME ENNEMI DE LA RELIGION,

DES ROIS ET DE TOUTE PUBLICITÉ;

Par M. TOULOTTE,

ANCIEN MAGISTRAT, AUTEUR DE *LA COUR ET LA VILLE*, ETC.

> Les beaux siècles de l'Église n'eurent ni moines, ni religieux.
>
> (*Clément XIV.*)

PARIS,

CHEZ AMABLE COSTES,

RUE DE BEAUNE, Nº 2;

LECOINTE, LIBRAIRE-COMMISSIONNAIRE,

QUAI DES AUGUSTINS, Nº 49;

ET CHEZ LES MARCHANDS DE NOUVEAUTÉS.

—

1828.

IMPRIMERIE DE DAVID,
BOULEVART POISSONNIÈRE, N. 6.

LE
PARTI-PRÊTRE,

CONSIDÉRÉ

COMME ENNEMI DE LA RELIGION,

DES ROIS ET DE TOUTE PUBLICITÉ.

Le législateur a dit aux Français : «Vous avez
« le droit de publier et de faire imprimer vos
« opinions, en vous conformant aux lois qui doi-
« vent réprimer les abus de cette liberté.»

Rien ne distingue les divers modes d'impres-
sion et de publication : on doit être libre en
France de se livrer au commerce de la pensée sans
nulle restriction, et de la manière que l'on croit la
plus utile. L'abus éveillerait d'autant plus l'attention des magistrats, qu'il aurait obtenu une plus
grande publicité. Il serait sans effet s'il pouvait
échapper à la répression. Moins nous aurions de
journaux, plus ceux dont le ministère repousse-
rait les doctrines auraient de vogue.

Le monopole, la tendance, la censure, prévenir au lieu de réprimer, dire aux journaux sur-
nommés petits par l'aristocratie du format : «Vous
« serez ce que vous ne voulez pas être, c'est-à-
« dire de grands journaux, ou vous ne serez plus;»
astreindre les uns et les autres à un même cau-

I.

tionnement, les suspendre également et les frapper d'amendes et de confiscation, c'est proscrire et non protéger la publicité ; c'est faire par la loi plus de mal qu'elle n'en aurait à réprimer (1).

Élever les cautionnemens, pour réduire le nombre des échos de l'opinion, ou même des partis, c'est montrer moins de prévoyance que de faiblesse. Des hommes d'Etat ne sauraient ignorer qu'aucune loi ne pourra détruire les effets de la malveillance d'un journal, aussi promptement que ne le ferait un grand nombre de feuilles publiques, toujours plus ou moins rivales d'intérêt, quand bien même la différence de doctrine ne les tiendrait pas en hostilité permanente, ce qui arrive toujours.

Le ministère le sait sans doute aussi bien que nous (2). Aussssi est-on surpris de le voir agir comme s'il était intéressé à justifier, par ses

---

(1) « Les ténèbres de l'hypocrisie sont l'asile du crime. » (*Madame de Puisieux.*)

(2) Mais nous ne croyons pas moins devoir le conjurer de ne pas permettre de justifier, en son nom, cet aveu mêlé des regrets d'un grand prince : « Depuis la découverte de l'imprimerie, l'on appelle les lumières pour régner, et l'on règne pour les rendre esclaves... » Si le ministère agissait ainsi, une nouvelle défection du *Journal des Débats* le mettrait en péril, comme cela est arrivé à l'administration tombée sous le mépris de M. Delalot et des derniers coopérateurs de cet honorable député.

actes, ceux que la France reproche à ses prédé-
cesseurs.

On reconnait à M. de Martignac tout l'esprit
qu'il faut pour être convaincu de l'indispensable
nécessité d'abattre le parti Villèle; mais retenue
par une grande prévoyance, Son Excellence vou-
drait le voir tomber sans sa coopération; elle
s'armerait de tout le courage que demande une
glorieuse initiative, si les ennemis cachés, qui
menacent le nouveau ministère, perdaient tout-
à-coup le patronage sur lequel ils comptent,
pour reprendre les rênes de l'État.

Sachant bien que *Dieu regarde les mains pures
et non les mains pleines* (1), M. Portalis, libre
dans son choix, aurait sans doute préféré un
système plus en harmonie avec nos institutions,
à celui qui repose sur la base corrompue des richesses; car les sentimens généreux doivent avoir
autant d'ascendant sur l'âme religieuse de notre
garde des sceaux, que l'or a d'attraïts aux yeux
de la fameuse congrégation que Sa Grandeur con-
naît si bien.

M. Roy a trop de fierté dans le caractère pour
subir volontairement la honte attachée à l'imita-
tion d'un système au-dessous duquel on ne pour-
rait voir que celui d'une administration qui serait
condamnée, par une influence occulte, à se traî-

---

(1) P. Syrus, *Recueil de sentences.* Leyde 1708.

ner péniblement entre la pitié d'une partie des français, et le mépris de l'autre.

M. Hyde de Neuville, qui osa préluder à la défense des libertés publiques, par la plus généreuse défection, n'a sûrement pas cherché à punir MM. les journalistes de l'habileté avec laquelle ils ont soutenu ses nobles et périlleux efforts (1).

Il y a de trop perfides et de trop hypocrites combinaisons dans le projet de loi sur la presse, pour qu'on l'impute à un ministre de la guerre n'eût-il pas, en sa qualité de français, d'antécédens préférables à ceux de ces modernes maréchaux, les Wellington, les Hohenloe, etc, que nos plus célèbres défenseurs (Kellermann, Jourdan, Masséna, Lannes, Mouton, Gérard, Gouvion Saint-Cyr, Ney, Sébastiani, Soult, etc.) n'ont jamais aperçus dans nos rang, mais bien parmi des ennemis dont la réputation européenne se rattache à de nombreuses défaites.

Il n'y a qu'un seul portefeuille dont aurait pu sortir, sans occasionner autant de surprise, le rejeton de la *loi d'amour*; l'apologiste de l'évêque sans diocésain, s'est familiarisé à son exemple,

---

(1) L'expérience acquise par ce ministre le tiendra fermement sur la ligne des *honorables*, et toujours à une grande distance des *hideux*, que pourraient seuls ressusciter les fautes du ministère actuel, et le triomphe de celui qui n'a laissé que d'importuns souvenirs.

avec toutes les grandeurs inhérentes au rôle d'excellence. Comme cela est très-loin de s'accorder avec les devoirs imposés par le Christ aux pasteurs (1), pendant toute la durée du jour et souvent même de la nuit, il a presque été permis de craindre que M. de Beauvais ne manquât de charité envers les journalistes, tandis que M. d'Hermopolis s'enhardissait à témoigner son affection aux continuateurs de Loyola.

Mais fort heureusement les révélations de l'almanach royal nous apprennent que ce projet de loi est bien moins l'œuvre d'aucun des membres du nouveau ministère, que d'une partie de ceux qui composent, dans le Conseil d'État, le comité de l'intérieur. On y voit MM. Syrieyes de Meyrinhac, Kergariou, quelques autres personnages de de cette force, et les Laveau, et les Franchet, si fameux par de sanglans souvenirs.

Etait-il donc indispensable de retirer un prélat de son diocèse (2), pour lui faire passer, à la tri-

---

(1) Les ecclésiastiques doivent être trop occupés des *spiritualités*, pour avoir le loisir de s'occuper des *temporalités*.

Philippe V, ce roi de France, mérita le titre de *Sage;* mais son clergé le surnomma le *Long*, aimant mieux faire allusion à sa grande taille, que rendre un juste hommage à son génie.

(2) La résidence, avouons-le avec impartialité, n'est plus rigoureusement mise au nombre des obligations épiscopales. On accoutume volontiers les troupeaux à l'absence de leurs

bune et dans la mondanité, un temps qui appar-
tient sans partage au ministère des autels. Depuis
long-temps, il est vrai, le chapeau de cardinal
n'est plus la récompense des vertus modestes.

Ne soyons donc plus surpris de voir le christianisme dont la voix s'éleva contre la tyrannie
des princes païens, dirigé par les pharisiens modernes, contre toute liberté publique, avec une
incroyable habileté dans l'art profond d'altérer la
sainteté de la loi ! ils affectent de croire que les
journaux ont une tendance impie ; ils sont néan-
moins persuadés que, chez tous les peuples, l'ir-
religion a été le produit naturel de l'intolérance,
de la cupidité, de la luxure, de la domination des

---

pasteurs ; c'est un délassement pour ceux-ci, et une douce
épreuve pour ceux-là. En 1826, presque un tiers des nota-
bilités ecclésiastiques assistait à la procession du jubilé ;
c'était une très-riche et très-somptueuse armée d'éminences
réunies au nombre de vingt-deux archevêques ou évêques,
regardés par nos vieux militaires comme les généraux de
brigade du clergé, et marchant sous les ordres de leurs généraux de division (trois cardinaux), dont l'empereur, ajou-
taient nos héros, était dans sa capitale, la tête magnifique-
ment ornée de la plus puissante des couronnes, *la tiare.*
Cette comparaison hétérodoxe n'aurait jamais blessé nos
oreilles, si l'on n'avait pas répandu avec abondance le livre
du Pape, dans lequel le chef de l'Église est présenté comme
le maître des nations et le souverain de toute la terre. On en
a fait plus qu'un César, plus qu'un Constantin, plus qu'un
Napoléon.

prêtres; On les a vus vertueux et réservés, dans toutes les croyances, aux jours de leur pauvreté; pleins d'orgueil et sans frein, lorsqu'ils ont eu du crédit et des richesses. Entre les vertus douces d'un Fénélon et les paroles superbes d'un Lamennais, leur choix est rarement selon le cœur de Dieu.

S'ils craignaient plus les aberrations de la pensée qu'ils ne redoutent le développement des facultés intellectuelles, leur parti allégerait le poids du cautionnement au lieu de l'appesantir; car sur cent journaux, plus des deux tiers se prononceront toujours en faveur du vrai, de l'honnête et du beau. Sous le rapport du nombre, on peut dire, avec le sage Ch. A. B. F. de Baert, des feuilles publiques comme des religions, *si deux sont dangereuses dans un état*, dix ne le sont pas (1).

Loin de diminuer l'influence des journaux, les énormes exigences pécuniaires la rendront colossale; il y aurait, dans l'un des côtés de la chambre élective, bien moins d'homogénéité que n'en voient avec tant d'humeur les ultramontains, si

---

(1) Voyez le beau *Tableau de la Grande-Bretagne, de l'Irlande et des possessions anglaises dans les quatre parties du monde.* Notre vertueux concitoyen le publia en 1800. Ce philosophe méritait bien de reparaître en 1828 à la chambre des députés, où il a laissé, comme dans l'assemblée législative, des souvenirs honorables.

cinquante journaux, au lieu de six ou sept, avaient parlé à la France avant les élections.

Quels seraient aujourd'hui les effets d'une feuille séditieuse ou d'une satire amère? ils seraient nuls; et ces satires, et ces feuilles tomberaient dans le mépris et dans l'oubli, comme l'*Invisible* de l'abbé Guyon, les déclamations du missionnaire Cœssin et les prophéties de l'abbé Rauzan. Le public n'est jamais injuste. Il n'y a pas, dans l'arsenal de la malignité, un trait aussi perçant qu'est profonde la perversité de l'hypocrite. C'est, en ce moment, le plus dangereux des caméléons; il se glisse partout, change de forme, marche ou rampe selon ses besoins; il se joue de la vertu, envahit le sanctuaire, y fait argent de tout, et pervertit les plus saines doctrines. Soit en robe longue, soit en robe courte, il corrompt la ville et distille à la cour les poisons de la calomnie. Ses deux moyens de succès et de sécurité sont le secret et la proscription; on le voit s'introduire dans les familles, en s'emparant de l'imagination des femmes; son but est d'arracher des legs et de dicter des testamens.

Le procès d'un très-grave personnage (1) ne

---

(1) Voyez le *Mémoire pour Madame la comtesse Marliani*, et l'audience du tribunal de première instance, première chambre, le 29 décembre 1824. Au lieu d'employer une influence qu'on pouvait dire très-haute, pour faire déclarer calomnieux les dires de Madame de Marliani, nous croyons qu'il en arriva comme du mémoire publié par un prêtre,

nous a-t-il pas appris que la captation est fami-
lière aux tartufes de mœurs, comme à celui que
Molière a mis sur la scène. Tous implorent également, comme une grâce, la torture des petits journaux. Des voix s'élèvent du Cluson, de St.-Acheul,
de Mont-Rouge, de tout le parti-prêtre, pour de-
mander cet holocauste anti-religieux et anti-social.

Les voyageurs n'ont jamais vu, même chez les
tribus nomades, ni dans les régions où aucun mys-
tère n'a d'adeptes, aucune croyance de zélateurs,
d'hommes assez insensés pour renoncer à l'usage
d'un ou deux de leurs sens. Aurons-nous des législateurs qui, trompés par de fausses alarmes,
priveront le corps social des avertissemens de la
presse et de l'exercice de la pensée? C'est ce qui
arriverait, si l'on plaçait les journalistes entre la
crainte d'un muétisme temporaire et celle d'une
ruine absolue. La voix de l'expérience, l'humanité, la civilisation, la raison d'État protesteraient
contre une aussi haute folie.

Aucune république n'a été bouleversée, aucun
roi n'a péri sur l'échafaud, aucune classe n'est de-

---

ennemi de la fraude, à l'occasion d'un testament imprégné
des plus augustes larmes, et dont un autre prêtre se serait
servi pour ravir une cure à un de ses confrères. Il est bien
maladroit de reprocher aux journaux de calomnier des ecclésiastiques dont les actions sont anti-chrétiennes; car le
libelle en dirait contre plusieurs d'entre eux, beaucoup
moins que l'histoire.

venue populacière, nul autel n'a été renversé, pas une guerre anti-nationale n'a été entreprise chez un peuple éclairé par le concours salutaire de cinquante journaux; ils auront toujours ce pouvoir de vigilance qui préservera la démocratie d'un Sylla, l'aristocratie d'un Marius, la royauté d'un Cromwel, le catholicisme d'un Luther, le protestantisme de l'inquisition, l'Église romaine d'un Borgia, le jansénisme de persécutions, la philosophie des échafauds de l'intolérance, les contribuables d'un Calonne ou d'un Villèle, la censure d'un Bonald, le trône de fautes semblables à celles dont Louis XVIII a fait l'aveu, et dont le fameux 20 mars a été le résultat.

On ne passe des dilapidations aux déficits, et de ceux-ci aux révoltes, que dans les royaumes où les peuples sont abrutis par l'ignorance et la superstition. Toute réforme légale, l'abolition des abus sans violence, la liberté sans désordre, l'aisance générale, la bienveillance pour tous les hommes sans distinction de pays, de couleur et de secte, seront dues aux lumières que la presse, *non comprimée,* peut seule répandre sur la France et le monde. Elle adoucit les lois et les mœurs; elle épure les goûts, et diminue le nombre des crimes dans toutes les contrées qui jouissent de ses bienfaits.

La publicité, que les ministres du culte catholique chargent de malédictions, aurait préservé l'Église de ses jours déplorables : le plus funeste a été celui dans lequel l'artificieux Sylvestre se joua de l'ambition d'un fourbe, tout en paraissant la servir : ce pape couvrit les parricides de Constantin du manteau de la religion, et reçut en échange le glaive des tyrans. L'imprévoyance d'un empereur a causé l'humiliation de Louis XII que l'on vit s'allier avec le plus criminel des hommes, qui était en même-temps le plus dissolu des pontifes (1). Depuis ces pactes flétrissans, les couronnes, dépouillées de leur plus vif éclat, servent de marche-pied au trône pontifical (2).

Le premier de ces odieux accords n'a pas moins nui à la religion qu'à la majesté royale. Il a privé l'ascendant spirituel du chef de l'Eglise romaine, de tout ce que la tiare a gagné en puissance temporelle. Il est le Simoon (3) soufflant avec furie sur la chrétienté qu'il empoisonne et rend aride. Il a jeté l'Etat dans l'Eglise.

Ce que n'a pas fait la religion, pour l'humanité, dans un siècle où le clergé, vainqueur de toutes

---

(1) Borgia.

(2) C'est ce que voulait le pape Innocent, quand il défendait d'imprimer des livres sans l'approbation de l'évêque, d'un vicaire ou d'un commissaire. Préférant les instructions ultramontaines d'un clergé ambitieux et dissolu, aux enseignemens inflexibles des livres saints, ce pontife prohibait toute traduction française de la Bible. — Maillard, *quadra. sermo* XXVIII.

(3) Vent d'Afrique dont l'influence est très-funeste.

les résistances, couvrait un roi de reliques, une puissance semblable à celle de la liberté de la presse l'eût opéré ; cela est incontestable. Depuis l'invention de l'imprimerie, affranchie des entraves du fanatisme, on n'a plus fait périr, sous un seul règne, quatre mille français, dans de profonds cachots, dans des cages de fer, ou en place publique (1). Toute illimitée qu'était l'autorité du plus dévot de nos rois, il lui fallut le préservatif d'une superstition incompatible avec la liberté de la presse, pour oser mettre les enfans du duc de Nemours sous l'échafaud de leur père.

Si depuis que l'imprimerie s'applique à guérir les maladies de l'âme, la Sainte Vierge n'a plus été gratifiée du titre de *comtesse*, aucun prince du moins ne s'est vu forcé de choisir entre les horreurs de la faim, et la crainte. si déchirante pour un père, d'être empoisonné par son fils ; une dame de Montsoreau n'a plus été empoisonnée avec l'objet de sa tendresse par un confesseur de cour (2), assassiné bientôt après pour calmer la rumeur publique, et jugé ensuite par une de ces *commissions officieuses*, dont les arrêts bénévoles assurent

---

(1) Lire le règne de Louis XI.

(2) Le moine Favre Vésois présenta une pêche des plus belles au duc de Berri et à sa maîtresse. Ce mets empoisonné les fit mourir l'un et l'autre.

(*Hist. chron.*, année 1472.)

l'impunité aux crimes que le pouvoir regarde comme d'utiles auxiliaires (1). On y avait trop souvent recours dans l'ancien régime : la puissance spirituelle érigeait l'autorité des princes les plus barbares, les plus ineptes et les plus méprisables, en droit divin. Les commissions, les tribunaux n'osaient refuser au monarque la tête d'aucune victime, quelsques fussent ses vertus, son illustration, ses services. Sa fortune devenait le prix de sa condamnation, et les seigneurs de la cour imitaient

---

(1) Nos dévôts de place regardent comme *des rigueurs salutaires*, les crimes qui flattent leurs passions ou paraissent favoriser leurs projets. Servan, Trestaillons et Truphémy n'attendaient pas le coucher du soleil pour frapper des hérétiques. Au nombre de ceux-ci, nous citerons un réformé que tous les partis *politiques* trouvaient irréprochable : arraché des bras de sa femme, le sieur Bourrillon fut égorgé en plein jour, en 1815, sur une place publique. Son assassin ne parut devant la Cour de Riom qu'après quatre ans d'impunité; comme les acteurs de cet essai d'une nouvelle Saint-Barthélemi n'étaient que de très-obscurs instrumens, l'avocat de Truphémy demanda aux jurés « si, « lorsque les provocations demeuraient impunies, les agens « devaient être frappés, et s'ils écraseraient le *ver de terre*, « tandis que les *serpens* continuaient à lever une tête me- « naçante. » La condamnation fut le résultat de l'unanimité des voix du jury. On n'en regarda pas moins l'affreux boucher de Nîmes, comme un martyr de la foi catholique. Truphémi fut l'objet des libéralités du parti dévôt ; et les brochures du temps nous apprennent qu'il fut recommandé aux prières de l'Église.

le silence du clergé. Au lieu de solliciter la grâce de l'innocence, les prêtres paraient le bourreau du surplis et de l'aumusse, pour l'offrir à la vénération des peuples. Ce n'était point seulement en France, mais en Espagne, mais en Portugal, dans toute l'Italie, en Allemagne, en Angleterre, dans les diverses contrées du nord, que l'ultramontanisme couvrait alors de son égide la barbarie et la débauche : le laisser-passer de la superstition permettait à la tiare et à la couronne de fournir avec sécurité la carrière des plus noirs attentats, et de se livrer aux plus sales voluptés. L'imprimerie éclaira les peuples, et, dès son apparition, la Rome des Papes se crut en péril. Sa politique s'appliqua constamment à dépouiller l'homme des plus beaux présens de la divinité, et de la plus importante des conquêtes de l'esprit humain; on poursuivit les imprimeurs comme sorcièrs, après avoir donné le titre de *catholique*, au prince qui créa le *tribunal religieux*, chargé de torturer les consciences, et le nom de *très-chrétien*, au roi qui fut le plus atroce des fils et le plus impitoyable des tyrans.

Toutes les idées de religion et d'équité s'altérèrent, quand la cour de Rome eût proscrit la pensée, et donné à d'épouvantables massacres les qualifications les plus édifiantes. Au lieu de remarquer la criminelle ambition du Vatican, dans les récompenses sacriléges, prodiguées à des princes qui avaient foulé aux pieds les droits de la nature, les lois divines et celles de la justice, on éleva des doutes sur la sainteté d'une religion dont le chef craignait le libre arbitre, l'exercice de la raison, les vérités de la science, et tous les progrès de l'esprit humain : la tiare n'engendra pas moins d'athées, que la couronne ne fit de républicains.

La liberté de la presse et la tolérance religieuse ont produit d'autres résultats.

Qu'est-ce qui respecte le plus l'ordre en France? N'est-ce pas la génération dont les maîtres ont été les savans, les gens de lettres, les philosophes, enfin ceux qui ont donné tant de célébrité à l'école normale, à l'école polytechnique, à nos lycées, au bel établissement des arts et métiers, à nos cours de langues vivantes, à nos écoles de droit et de médecine, comme aux cours *si intéressans* d'économie politique.

Telles sont les nobles sources des idées en circulation. Ces idées favorisent la philosophie sans altérer la pureté des sentimens religieux. La morale n'a rien à redouter de leur propagation : elles éclairent plus qu'elles ne dominent le monde intellectuel; comme la raison et le savoir leur servent de base, les gouvernemens qui les repoussent sont impolitiques, et les religions qui les proscriraient sembleraient remonter le cours des âges, pour faciliter à de nouveaux réformateurs des succès plus décisifs que ceux obtenus par les premiers.

Selon l'écrivain religieux et monarchique, regardé avec raison, dans les deux mondes, comme le mieux inspiré par le génie du christianisme : « Quiconque aujourd'hui prétendra défendre la religion catholique en la séparant de la société, telle que le temps l'a modifiée, conduit les peuples au protestantisme. »

Les observateurs sont *tout* surpris, dans les contrées catholiques, des progrès immenses qu'il a faits, depuis qu'une partie du clergé rappelle, par ses violences, la domination insupportable qui lui fut autrefois reprochée (1).

De très-beaux et de très-riches départemens qui s'énorgueillissaient d'appartenir à la France, et un État que son commerce et sa marine ont porté au plus haut point de prospérité, ont été réduits à changer de Code Civil et même de langue : on les a érigés en royaume, sous l'obéissance d'un prince protestant. Enfin, comme si le triomphe de la réforme eût manqué d'extension, en se circonscrivant dans la Belgique et la Hollande, des villages *tout romains* ont été cédés au roi de Prusse.

Tandis que nos frères admiraient les écoles de la Prusse, le parti-prêtre éloignait MM. Royer-Collard, Guizot, Villemain, Noël, Cousin et beaucoup d'autres hommes recommandables de notre

____

(1) Henri Hallam, (*L'Europe au moyen âge*) ; et J.-A. Llorente. (*Portrait politique des Papes*).

université, royale de nom, et *sacerdotale de fait.*

Au moment même que le roi des Pays-Bas donnait un asile à ceux de nos illustres guerriers que le vent de la proscription a portés dans l'ancienne Belgique, on réduisait, en France, les militaires à vendre leur sang à l'étranger ; on conservait à quelques-uns d'entre eux leur demi-solde ; et pour les engager à combattre les chrétiens, M. de Villèle comptait, pour avancement à ces infortunés, leurs services dans les bandes des barbares dévastateurs de la Grèce.

Ce fut à qui se montrerait le plus zélé soutien de l'absolutisme et de la tyrannie. On ne reconnut plus d'orthodoxie que dans le silence des peuples, et d'ordre que dans leur complette immobilité. Non-seulement le parti-prêtre et ses dignes ministres, qu'il a consolés de leur disgrâce par la pairie et le cordon de Saint-Michel, demeurèrent impassibles à l'épouvantable nouvelle de milliers de femmes et d'enfans entassés dans les lagunes de Missolonghi, et de l'extermination de onze mille Grecs ; mais une *Histoire ecclésiastique* fut destinée, sous le ministère de M. d'Hermopolis, à refouler dans les âmes le sentiment de la pitié. Le petit extrait que voici donnera une idée de l'enseignement des petits séminaires :

« *D.* Quelle punition Dieu tira-t-il de l'opiniâ-
« treté des Grecs ?

« *R.* Un endurcissement si criminel ne resta
« pas sans punition. Mahomet II, sultan des Turcs,

« vint mettre le siége devant Constantinople, avec
« une armée de trois cent mille hommes. La ville
« fut emportée d'assaut ; rien n'échappa à l'épée
« des vainqueurs ; ils firent un carnage horrible
« des habitans, et, pendant trois jours que dura
« le pillage, ils commirent les plus grands excès.

« Ainsi périt (en 1455) l'empire grec, après avoir
« duré plus de onze cents ans depuis *le Grand*
« *Constantin* » (exécrable bourreau, qui mourut
couvert du sang de ses proches, maudit des peuples et béni par le pape). « Ce fut une punition
« manifeste de l'opiniâtreté des Grecs schismati-
« ques. Ils n'ont pas voulu reconnaître l'autorité
« du successeur de Saint-Pierre, et ils sont tombés
« sous le joug des infidèles. . . . . . »

Que penser de ceux qui volent au secours de
ces schismatiques ? ne doivent-ils pas tomber
dans l'oppression et l'esclavage, juste punition de
quiconque méconnaît l'autorité du pape, excepté
les bons Turcs, que l'*Histoire ecclésiastique* (im-
primée à Lyon en 1821) nous présente comme le
bras de la vengeance divine ?

Ce n'est donc pas seulement pour conserver
l'équilibre européen, mais *dans de saintes vues*,
que nos scrupuleux diplomates ont abandonné si
long-temps les chrétiens de la Grèce ; il fallut bien
leur laisser subir *la peine de leur endurcissement*.
Personne assurément n'était plus propre à la leur
infliger, que le prince qui fit égorger en quarante-
huit heures vingt mille de ses sujets.

Plus passionné que politique dans sa vengeance, et plus effrayé de nos lumières que mesuré dans son inimitié pour notre civilisation, le parti-prêtre ne voit pas où il conduit le catholicisme, dont rien ne peut plus empêcher la ruine, que le retour du clergé aux vertus des apôtres, et à la discipline de la primitive Église (1). *Les prêtres seront alors tous respectés, parce qu'ils seront tous respectables* : ils ne craindront plus les journaux, quand leurs vertus se refuseront, *par modestie,* aux éloges mondains de la publicité.

Depuis que le parti-prêtre a forcé M. le comte de Villèle à vaincre sa répugnance pour toute intervention armée dans les affaires d'Espagne, qu'y voit-on ? Un roi irrésolu et sans dignité entre des moines plus ou moins furibonds, et le catholicisme, sous les yeux de toutes les dissidences qui l'observent, se déchirant les entrailles de ses propres mains.

Le Portugal présente l'ultramontisme dans le délire, foulant aux pieds les droits des peuples, et la majesté royale, étouffant la voix de la nature

---

(1) Aucun prêtre ne redouterait plus, dans cette hypothèse, nos progrès dans la civilisation, parce que le clergé défendrait à tous ses membres de remplir le rôle que Hume reproche sans doute aux seuls ministres des autels, qui font des incursions dans la politique : « Dans tous les siècles, dit ce publiciste, le sacerdoce fut l'ennemi de la liberté, et favorisa le despotisme. »

dans un jeune prince, et l'excitant au parjure, aux cris d'une populace fanatisée, que le nonce du pape applaudit du geste, quand la révolte rompt tous les nœuds de la société. Nous ne pouvons plus compter sur nos deux anciens auxiliaires catholiques ; ils sont l'un et l'autre aux prises avec le parti-prêtre, que rend capable de tous les excès une ignorance crasse, une superstition cruelle, et un fanatisme qui a brisé tous les freins. Pour comble de malheur, notre gouvernement, soumis à des influences contraires, se trouve dans la position équivoque d'un état humilié de la perte du fruit de ses plus glorieux exploits et des plus sages monumens de sa diplomatie ; mais, loin de lui permettre de recouvrer quelques débris de sa prépondérance européenne, le parti-prêtre impose à la France des communautés, des congrégations, transforme ses casernes en séminaires (1), et fait ainsi la guerre à sa population, qui n'est plus que de . . . . 29,000,000 d'habitans. Les alliés de sa commu-

---

(1) C'est ce qu'on a vu à Rodez. L'influence de M. de Bonald a favorisé, dans cette ville, l'érection de deux nouveaux séminaires, quoiqu'on en eût un en fort bon état. Il suffisait aux besoins d'une population de sept mille habitans. On demandait ce qui manque dans ce pays, des routes : l'arrondissement de Villefranche n'en a presque pas. C'est ce que l'influence du parti-prêtre n'a pas permis d'obtenir.....

D'autre part. . . . 29,000,000

nion, Espagnols et Portugais, voient chaque jour décimer la leur : elle s'élève à peine à 15,000,000

Nous ne parlerons pas des états de l'Allemagne, où les populations sont mixtes, comme dans la Suisse.

Sous le patronage de l'Autriche, qui a . . . . 22,000,000 d'habitans, nous apercevons Naples avec la Sicile : ces états n'ont que. . 7,600,000 d'habitans ; nous devons ajouter l'Italie, qui est sous la même influence avec ses . . . . 12,000,000 d'habitans.

TOTAL. 85,600,000

Voilà bien quatre-vingt-cinq millions six cents mille catholiques romains ; mais il y en a beaucoup sur lesquels la France ne peut pas compter. En effet, quinze millions se déchirent, se brûlent, s'égorgent à la voix de l'ultramontanisme.

Quarante et un millions six cents mille autres sont sous l'influence d'une cour dans laquelle le jeune Napoléon a son aïeul et sa mère. M. le prince de Metternich offrirait au divan un commerce d'affections peut-être plus franches ou moins embarrassantes, qu'à la puissance dont le duc de Bordeaux est le soleil levant (1).

____

(1) Aux jours des humiliations de la France, nos saints

Ces papistes, que la politique range sous divers drapeaux, sont bien peu redoutables, si on leur oppose l'immense quantité de dissidens, qui ne reconnaisent ni le pouvoir temporel, ni l'autorité spirituelle du pape.

La Russie et la Pologne (1) qu'elle gouverne, renferment. . . . . 52,000,000 d'habitans. Le colosse du nord s'est attaché, par des liens de famille, la Prusse qui en compte . . . . 17,000,000 et le roi des Pays-Bas qui a . . . . 5,500,000 sujets protestans. Il faudra que les prêtres belges redoublent de tolérance, pour empêcher que leur roi n'accroisse, par l'admiration qu'il inspire, et sa bonne adminis-

A reporter. 74,500,000

---

diplomates n'ont pas réfléchi à cet accroissement d'influence des aigles redoutables de l'Autriche ; mais la stupide police, qui relevait du parti-prêtre, a poursuivi, dès leur entrée dans le monde, *les Deux Cousins* de M. de Béranger, pour établir une sorte de compensation..... S'il n'y avait point eu de sang versé, nous ne pourrions pas dire si le dernier systême ministériel n'était pas aussi ridicule que déplorable.

(1) Cette contrée suit l'impulsion russe non moins entièrement, que si elle brûlait son encens sur les mêmes autels que ses nouveaux maîtres. C'est encore un des étonnans prodiges de la Sainte-Alliance.

D'autre part. . . .   74,500,000

tration, le nombre des réformés.

Le Danemarck, composé de . . .   5,500,000

habitans, n'est pas moins anti-pa-
piste que la Suède et la Norwège,
qui réunissent   5,000,000

d'âmes, sous le sceptre de Charles-
Jean, tandis que leur monarque lé-
gitime court le monde, comme s'il
était un de ces rois que Dieu donne
aux peuples dans sa colère, dit
l'Ecriture.

Indépendamment de l'Irlande,
l'angleterre possède   14,000,000

d'habitans européens:
dans ses possessions lointaines de
l'Amérique méridionale   1,500,000

dans ses colonies des Indes occiden-
tales..   900,000

en Afrique..   130,000

dans la Méditerranée.   150,000

et   70,000,000

dans les Indes orientales.

TOTAL.   171,680,000

Voilà donc cent soixante et onze millions six
cents quatre-vingt-mille hérétiques et schismatiques, mus en quelque sorte par deux seuls leviers,
avec un avantage de quatre-vingt-six millions
quatre-vingt mille habitans, sur les états catholi-

ques, dont les ressources maritimes et commerciales sont infiniment plus faibles et beaucoup moins étendues.

Si l'on pense que les églises dissidentes ou schismatiques ne sont nullement en proie aux désordres dont l'Église catholique offre, sur quelques points, le douloureux spectacle; si l'on observe la tranquillité dont jouissent les gouvernemens chez lesquels l'ultramontanisme n'a pas le moindre accès, on sera convaincu qu'il importe au catholicisme, non moins qu'à la société, de mettre ses doctrines et son existence à l'abri du parti-prêtre (1). Voulez-vous bien juger des motifs de la haine de celui-ci pour toute publicité ? Calculez, si vous en avez le courage, ce que les pères de la foi, les quêtes pour les confrairies, les communautés pour les deux sexes, les testamens par captation, les petits séminaires, ont couté à la France depuis 1814 !.....

A cette époque, qui dominait, lorsque le forçat Stevenot organisait ses affreux compagnons, pour des égorgemens à domicile ? lorsque Rome récla-

---

(1) Les ultramontains ne sauraient ignorer qu'il existe la plus saillante contradiction entre leur prétendu dévoûment au trône, et leur haine pour sa plus sûre garantie, la *publicité*; leur arrêt sort de cette vérité que proclama le plus instruit et le moins amovible des membres de leur censure ministérielle : « Depuis la découverte de l'imprimerie, il n'a pas péri un seul gouvernement qui n'ait asservi la presse. »

mait Avignon, et que le sang y ruisselait en plein jour aux acclamations d'une populace fanatisée? lorsqu'on assassinait un maréchal de France, sans craindre l'action de la justice? lorsque le courageux d'Argenson demandait, en vain et non sans courir des dangers, qu'on mît un terme aux innombrables massacres du midi? Interrogez le Moniteur! il vous dira comment parlaient et agissaient les ennemis de la presse, quand un conseiller d'état espérait tempérer une soif intempestive de richesses, en disant au clergé romain, *d'autres besoins se font entendre.......* En effet, un français poursuivi par la faim cruelle, allait, avec l'aîné de ses fils, mendier, hors des frontières, le pain de la pitié, les secours que lui refusaient, en France, nos tartuffes de mœurs et de religion; en l'absence de ce père malheureux, sa femme au désespoir et maîtrisée par le plus impérieux des besoins, dévorait la chair du plus jeune de ses enfans, qu'elle avait égorgé de ses propres mains (1). Appelé depuis à la chambre haute, M. le comte

---

(1) La Cour d'assises du Bas-Rhin admit l'excuse de la plus profonde détresse, en faveur de la nommée Guth. Cette malheureuse avait fait cuire, dans une marmite, la cuisse de son fils.....

Le Moniteur, qui rappelle cette cause d'une affreuse célébrité, renferme le plus beau monument de la vie politique de M. le comte Beugnot, et le plus sanglant reproche qu'on ait pu faire au parti-prêtre, depuis qu'il réduisit, dans la

Beugnot fut puni de sa généreuse apostrophe contre une avidité sinon barbare, du moins inopportune; et l'auteur de la loi du sacrilége, nommé membre de la chambre des Pairs, *long-temps après lui*, s'en est vu ouvrir les portes que M. Beugnot, comme lui ex-ministre, ne regarde qu'en dehors...... (1)

Qui ne connait, après tous ces griefs, non seulement les ennemis des grands et des petits journaux, mais l'avenir qu'ils nous réservent, si l'on recule devant eux! Législateurs des deux chambres, ne laissez pas comprimer la pensée humaine! Le génie des peuples, resserré dans d'importuns liens, s'irrite, bouillonne et ressemble à ces îles volcanisées sous lesquelles la fable plaçait Encelade.

---

capitale des lys, une mère à commettre un infanticide, pour appaiser sa faim.

(1) On voit, dans *la Cour et la Ville*, quels motifs également honorables ont fait perdre à M. Royer-Collard l'instruction publique, et le ministère de la police générale à MM. d'André et Beugnot; c'est surtout cette modération qui est moins commune que nécessaire aux dépositaires de l'autorité publique.

FIN.

HISTOIRE PHILOSOPHIQUE
DES EMPEREURS,

DEPUIS

CÉSAR JUSQU'A CONSTANTIN,

OU

COMPARAISON DE LEURS INSTITUTIONS, DES ÉVÉNE-MENS DE LEURS SIÈCLES, ET DE L'ÉTAT DU GENRE HUMAIN SOUS LE PAGANISME, AVEC LA CIVILI-SATION DES TEMPS MODERNES;

PAR M. TOULOTTE, ANCIEN MAGISTRAT (1).

« ...... Après Gibbon, Rollin, Crévier et Royou, M. Toulotte, riche de leurs travaux et des dépouilles de vingt siècles, publie une histoire complète des empereurs, depuis César jusqu'à Constantin; dans laquelle il cite le peuple romain et ses derniers maîtres, au tribunal de cette opinion, véritable reine du monde, depuis que la philosophie l'a proclamée. Écoutons l'auteur rendre lui-même,

---

(1) Trois volumes in-8°, brochés; prix : 15 fr.; chez THOMINE, libraire, rue de la Harpe, n. 78.

dans un style ferme et clair, quelques uns de ces résultats que Bacon appelle des oracles, et dont l'histoire est prodigue pour qui la consulte avec bonne foi......

« La politique réclame du mouvement pour le
« corps social, comme la nature en réclame pour
« le corps humain; l'état stationnaire n'est pas
« moins préjudiciable au premier, que des habi-
« tudes sédentaires dangereuses au second; l'un
« et l'autre doivent prévenir, par un exercice
« approprié à leur constitution, l'action perturba-
« trice et délétère du repos. Il n'est point de gou-
« vernement plus contraire au corps social, que
« ceux qui redoutent le libre exercice de ses mem-
« bres, et l'entier développement de ses facul-
« tés...... Le Chinois stationnaire dans cette belle
« partie du monde, qui seule n'a besoin de per-
« sonne, et dont toute la terre a besoin; l'Égyp-
« tien, qu'un asservissement de quarante siècles
« retient immobile; l'Anatolien, si confiant avant
« de perdre sa liberté; l'Arabe, que le temps
« plongea dans l'esclavage et l'abrutissement,
« à mesure qu'il l'éloigna de l'époque où les
« bruyantes controverses des sectes, retardaient
« le détestable triomphe d'un système religieux (le
« Mahométisme) qui engourdit les âmes, en pros-
« crivant le doute : tous ces peuples ne prouvent-
« ils pas également que rien n'est plus nuisible
« au corps social, que la prédominance du re-
« pos...... *Le Courier français*, N° 298 ».

Les droits de tous les hommes aux bienfaits de la civilisation, y sont établis en ces termes : « La « philosophie reconnait dans le genre humain, « une seule famille formée de trois races distinc- « tes : la race blanche ou caucasique, qui habite « notre petite Europe, ainsi que les parties occi- « dentales et centrales de l'Asie ; la race noire ou « nègre, originairement exposée au midi de l'atlas; « arrachée de l'Afrique, par la violence et la cupi- « dité ; commerçante et prospère dans la républi- « que d'Haïti, sous la double influence de la liber- « té et du génie de son chef; enfin la race jaune « ou tatare, qui couvre le vaste Orient de l'Asie... »

« L'ouvrage dont nous avons à vous entretenir, a dit M. Perrier, dans une société de savans recom- mandables à plusieurs titres, et d'écrivains qui n'ont jamais sollicité les faveurs du pouvoir, est une de ces productions qui, sortant de la ligne ordinaire des histoires et des compilations dont la littérature est surchargée, mérite une attention particulière, pour l'ordre qui règne dans la dis- tribution des parties ; pour le style pur et énergi- que, qui domine partout. Le rapporteur a fait par- tager son estime pour l'ouvrage et son auteur, à l'honorable assemblée, par de nombreuses cita- tions.

«Nous terminerons cette annonce, par quelques extraits de la belle analyse que nous offre le N° 636 du *Miroir* : « L'alliance de l'érudition et de la philosophie est bien rare : cette union caractérise l'ouvrage de M. Toulotte. Après une quarantaine d'écrivains qui, depuis l'ère vulgaire, ont traité le même sujet, M. Toulotte a trouvé le secret d'être neuf. »

«On reconnait, dans cet ouvrage mémorable, un homme qui a lu non-seulement tout ce qui concerne la grande époque qu'il a choisie, mais tout ce qui s'est publié d'intéressant; tout ce qui, depuis Constantin, a fixé l'attention du monde. »

«Il est impossible de mettre plus d'intérêt dans sa narration, de rapprocher plus heureusement les faits, de fouiller avec plus de discernement et d'exactitude dans les annales de Rome, et de répandre avec plus de talent, sur ce magnifique tableau, toutes les lumières d'une saine philosophie...... *Journal de Paris*, N° 344.»

« La première action des ouvrages faits par des hommes qui pensent, c'est de faire penser les lecteurs : M. Toulotte a déjà obtenu ce succès; son histoire a été le sujet de plusieurs discussions importantes et d'un haut intérêt. *Le Constitutionnel* N° 290 »